今日も拒まれてます 心の限界編

～セックスレス・ハラスメント嫁日記～

KYOU MO KOBAMARETE MASU

Presented by Poreporemi

ポレポレ美

ぶんか社

CONTENTS

あらすじ

編集者の山木と同棲9年ののち勢いで結婚したポレ美は、ずっとセックスレスに悩んでいた。妊活をスタートし、ついに訪れたチャンスも彼が立たなくなり逃してしまったポレ美は気分転換に実家へ帰るものの、妹からの妊娠報告を受け複雑な心境に。そこへ子宮頸部の異常、義姉の妊娠も重なり、プレッシャーがピークに達したポレ美は「私とセックスしてください」と山木に土下座してまで訴えるが、その願いは叶わない。進まない妊活と周りからの期待に疲れ、苛まれたポレ美はうつ病を発症。治療と日常生活に頑張る中、不穏な空気が漂っていた——。

Chapter1
電車の中で…
これでよしっと…
あ ごめん ごめん
アフちゃんの
お薬の時間だったね
△日
アフロちゃん
心臓薬
コラコラ
バナナだけ食べちゃ
ダメだって～
このところ
少しずつだけど…

イライラや焦りが減ってきて…
以前に比べて家事もスムーズにできるようになってきた
薬や日記が効いているのかもしれない
ノート
明日は資源ゴミの日か
武蔵野市
古紙
ペット缶
ペット缶
えーっと…
紙ゴミ
…………
山木《やまき》さんは相変わらず出張と張り込みが続いている

昨日も夜遅くに帰ってきて…
おかえり ごはんは…？
食べてきたから大丈夫
お風呂は…？
平気だから
そのまま寝てしまった
このところ本当に忙しそう…
私もそろそろ仕事をスタートして山木さんをサポートしなくちゃ
一月△日
私もそろそろ仕事を
再開し
RRR…
山木さんの会社からだ…
週刊スキャンダル
03－XXX
もしもし…
ポレ美《み》さん突然お電話すみません！
編集部の田宮《たみや》と申します

ポレ美さんに
お仕事のお願いを…
ガタン
ゴトン
ガタン
ゴトン
よかった…
打ち合わせを
人の少ない時間帯に
してもらって…
ホッ
古巣出版
受付
5F…週刊スキャンダル
編集部
ポレポレ美と
申します
編集部の
田宮さんを…
…あれ?

もしかして山木君の奥さんのポレ美さん…？
は…はい
へ〜っ
じろじろ
なるほどねぇ〜 いや〜 山木君が好きそうなタイプだねぇ
クスッ
あ 僕ライターの佐々木《ささき》です 山木君とは海外に旅行に行く仲で…
佐々木さーん 何油売ってんですか〜
ごめん ごめん
なんだろう あの人…
すごく イヤな感じ…

というような
お仕事の依頼に
なりまして…
分かりました
ところで
山木君とポレ美さんも
そろそろですよね
え…？
やだなぁ
お子さんですよ
あ…
最近
編集部内でも
妊娠&出産のおめでたが
続いてるんですよ！
二人は新婚さん
だからさ〜
週刊スキャン
できちゃった婚の真相
美乳アナウンサーは誰!?
セクシー美女ヌード連発♥
増刊 スキャ
アハハ
ワハハ

プオーーン
ガタン
ゴトン
やだなぁ
お子さんですよ
二人は新婚さん
だからさ～
せっかく
良くなってきたと
思ったのに…

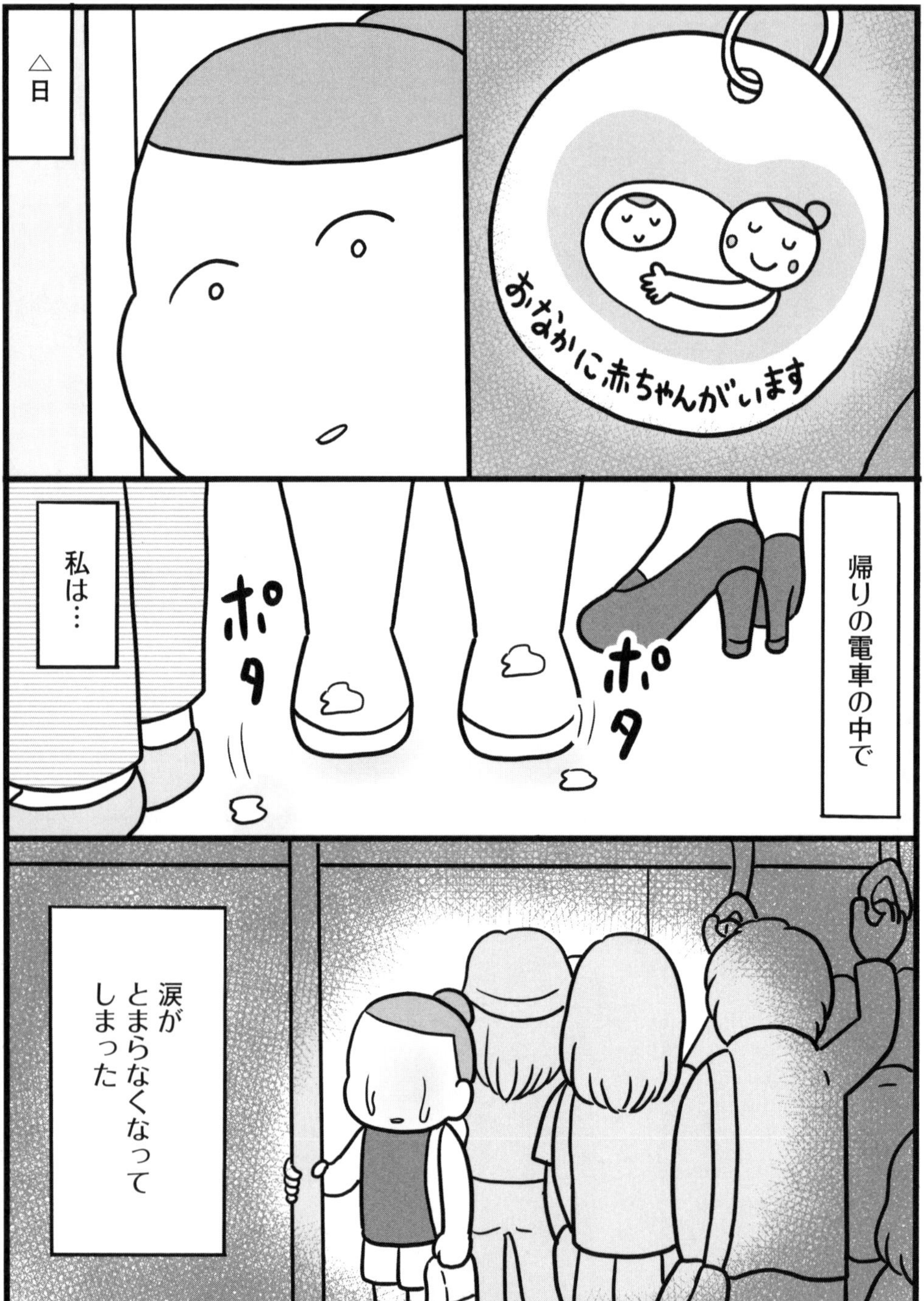
おなかに赤ちゃんがいます
△日
帰りの電車の中で
ポタ
ポタ
私は…
涙が
とまらなくなって
しまった

Chapter2
帰省
動物病院
今日から1週間の宿泊ですね
じゃあね アフちゃん
おりこうにしててね
ポレちゃん そろそろ…
ペコ

バタン…
シートベルト締めてね
うん…
2週間前――
TRR…
えっ！本当に!?
無事に生まれたわ！予定日より1週間早かったんだけど…
母子ともに健康！元気な男の子よ！
そう！本当によかったよおめでとう！
ジャー

そして…
えっ！本当に!?
無事に生まれたよ～もうお腹《なか》が痛いのなんのって…
ポリ子が双子《こ》の女の子を出産した
おめでとう…よく頑張ったね
あとで写真送るね～
お義姉《ねえ》さんとポリ子
出産はたったの3日違いで…
来週は合併号で僕は1週間休みだし…
姉《ねえ》さんとポリ子ちゃんにお祝い渡すついでに帰省しようよ

そ…
そうだね…
山木さんの提案を断れるハズもなかった
御出産
御祝
御出産
御祝
僕の家もポレちゃん家《ち》も大喜びだろうね
うん…
本当にすごい偶然だよね
僕ん家はめでたいってみんなで大騒ぎしてるみたいで…

EXPXSA
少し休憩しようか
あーお腹すいた～
定食・そ
ポレちゃんは何食べる？
私はお茶でいいや
食券
何も食べないの？
うん…あんまり食欲なくって…
おでん・ラーメン
限定ラーメン
ちゃんと笑顔でおめでとうって言えるかな

ポレちゃん
ポレちゃん
えっ
カタン
そういう顔するのは今だけにしてね
頼むから
………
ラーメンも食べようかな
ちょっとトイレに行ってくる…

山木さんの言う通りだ
こんな顔してちゃダメだ…
バチン
ニッ…

くすり
しっかりしなきゃ
頑張らなくちゃ
ゴクン…
「おめでとうございます」
明るく思いっきりの笑顔で言えるように――

はーい
よしよし
Chapter3
おばあちゃん
次は私が
抱っこ～
やだーっ
次は私だもん
コラコラ二人とも
今は
ポレ美ちゃんの
番なんだから
さぁさぁみんな
そのくらいにして
ごはんにしましょ
はーーい

松坂
今日はフミハルとポレ美ちゃんがきてくれたからお肉も大奮発よ～
わーっ スキヤキ！
赤ちゃんお祝いも兼ねてね！
……
山木さん一家のテンションの高さはかつてないくらいで…
おーっとその前に赤ちゃんとみんなで記念撮影！
えーっ
早く食べようよー

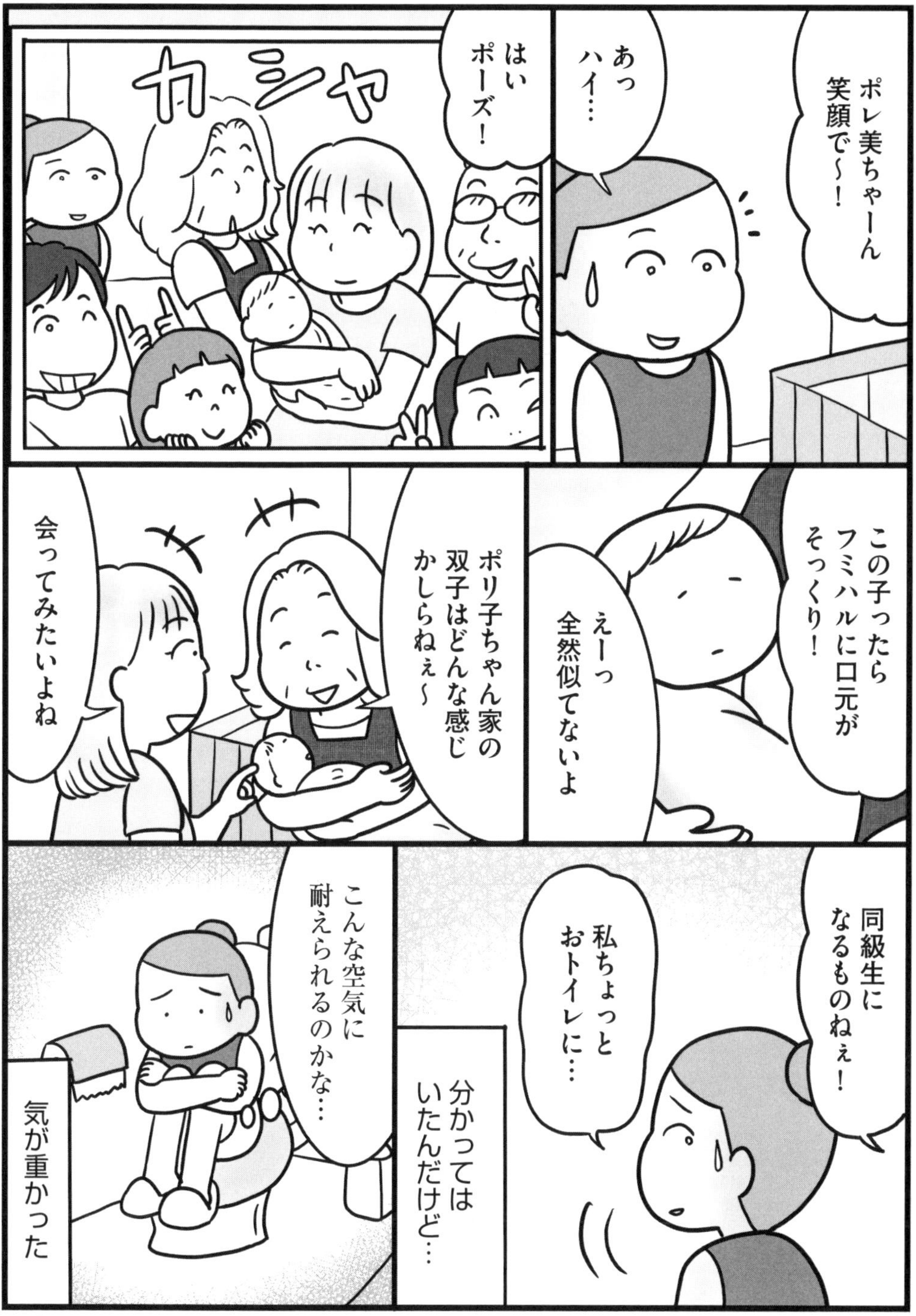
ポレ美ちゃーん 笑顔で〜！
あっ ハイ…
はい ポーズ！
カシャ
この子ったら フミハルに口元が そっくり！
えーっ 全然似てないよ
ポリ子ちゃん家の 双子はどんな感じ かしらねぇ〜
会ってみたいよね
同級生に なるものねぇ！
私ちょっと おトイレに…
分かっては いたんだけど…
こんな空気に 耐えられるのかな…
気が重かった

そうだ！みんなでポリ子ちゃん家に遊びに行こうか！
ワー
ワー
キャー
一人だけ遠くの世界に取り残されたみたいでツラかった…
市立病院
おばあちゃん
お～フミハルか！
お見舞いに来たよ
お久しぶりですおばあちゃん

おお…光子《みつこ》…
お前
生き返ったがね？
光子さんは
おばあちゃんの
妹さんで
ずいぶん前に
亡くなったでしょ
……
お嫁さんの
ポレ美ちゃんだよ
フミハル
なんでお前ここに
来とるがね？
お姉ちゃんに
赤ちゃんが
生まれたからだよ
赤ちゃん…
ほぉ…
フミハル
お前らの赤ちゃんは…
またか…
僕たちは
まだだよ
ほぉか…

ぎゅっ
フミハル…
ポレ美ちゃんのこと
悲しませたらあかんよ
大丈夫
僕は悲しませたりなんて
してないよ
あっ電話…
RRR…

もしもし
山木です
おばあちゃんは
何かを感じ取って
あんなことを言って
くれたんだろうか…
それとも…
コロン
ポレ美ちゃん
ありがとな

え？
フミハルのお嫁さんになってくれて…
本当にありがとな
気が重かった帰省もおばあちゃんのこの一言で…
はい…
少し救われた気がした…

Chapter 4
妹の思い
山木さんの実家をあとにし…
次は私の実家へと向かった
ねぇアンタ
向こうのご両親に何も言われんかったんけ？
え…な…何を…？
子供のことやぜ
こ…今回は特には…
はー気を使ってもらったんかねぇ

なーんで
アンタらは
新婚なのに子供を
作らんがかね？
…………
フミハル君だって
子供が嫌いな
わけじゃないがやろ？
う…
うん…
だったら
なんでけよ
そ…それは
いろいろあって…
ポレ美
アンタの頑張りが
足りんがじゃないがけ？

母《かあ》ちゃん
私は私なりに
頑張ってるよ…
だけど
山木さんが全然
してくれないんだよ…
…なんて
親にこんなこと
言えるわけないし
言ったところで
何か変わるわけでも
ない
母ちゃん
哺乳瓶ってどこに…

ま…とにかく
ポレ美
ジャー
早く子供を作りなさい
まぁまぁ母ちゃん！
夫婦にはいろんなカタチがあるがんだから…
何けよいろんなカタチって
とにかくいろいろあるが！

姉ちゃん
ちょっと外歩こうか
え…?
母ちゃん
ちょっとだけ
双子見といて
え…
うん…

ポリ子と私は
終始無言で
実家の周りを
ただひたすら
歩いた
二人で通った
駄菓子屋
二人で
泥だらけになって
遊んだ用水路
番苑堂
BANENDO
Book・VI
二人で立ち読みして
怒られた本屋
ふふふ
懐かしいな…

姉ちゃん
こんな時に
ごめんね
わざわざ
来てくれて
そ…そんな
ことないよ!
かわいい姪っ子の
顔も見れたし
アンタにも会えたし…
ありがとう
姉ちゃん
こんな私が
言うのもなんだけど…

もうそんなに
頑張らなくても
いいんじゃない？

Chapter5
どうしろと？
実家から帰ったあとすぐに病院へ行った
ポレ美さん
はい…
どうもまだ症状が改善されていないようです
メンタル
今すぐ相談…
現在不妊治療のクリニックへも通っていらっしゃるそうですが…
今はメンタルの改善を第一に「うつ」の治療に専念した方がいいと思います…

もう
頑張らなくても
いいいんじゃない？
いや～
でもホント
かわいいかったねー
え…？
何が？
子供だよ
姉さんの子供も
ポリ子ちゃんの双子も
そ…
そうだね…

あー いいなぁ～
僕も子供が欲しいなぁ～
……
ブッブッ
え？ 何？
してないのにできるわけないし…

仕方ないでしょ
仕事が忙しいし
タイミングが…
ねぇ
山木さん
山木さんは一体
何を考えてるの？
子供が欲しいんでしょ？
セックスしないと
できないよ？
だってさ…
ポレちゃん
「うつ」じゃん

……
え？
いざ
セックスしようと
した時
もしも前みたいに
行為の途中で元気が
なくなったら
ポレちゃんは傷つくでしょ
仮にできても
必ず妊娠するとは
限らない
そんな事が続くと
ポレちゃん傷つくよね
そして
傷つくと
ポレちゃんの
うつが悪化するよね
だから
早く治してよ
その「うつ」

…あのね
山木さん
今日病院の先生に
言われたんだ
え？
何を？
不妊治療よりも
まずは「うつ」を
治すことに専念した
方がいいって…
ほら！
やっぱり！
はぁー
ボリ
ボリ
いつ治るの？
え？
分からない…
だから病院に
通ってる…
うつって
何だろう
メンタルクリ
おくすり
じゃあ
どうやったら
治るの？
今はまだ
わからない…
…はぁ

…ポレちゃん
とにかく頑張って
治してからじゃないとセックスできないんだから
頑張らないと
……
はい…

じゃないと
僕がツラいよ
ごちそうさま
もう頑張らなくていいんじゃない？
とにかく頑張って

Chapter 6

買って来て

せめて…
できることから
少しずつ始めなくちゃ
ん？
シマヤデパート…
JXBカード
今月のご利用明細
シマヤデパート　新宿店
￥18,000
ブランド オン　銀座店
￥26,000
ブランドオン…
なんだろう…
この明細…
接待だよ

デパートが？
お世話になってるマネジャーさんの誕生日プレゼント
ブランド店は？
ネタ元が謝礼にブランド品を指定してきたんだ
ポレちゃん…
僕の仕事分かってる？
僕は芸能記者なんだよ
スクープをとれなきゃクビだよ
だからお世話になってる人やネタをくれる人は大切にするよ
経費で落ちないものにポケットマネーを使うのも当然
でも家計のお金で…

何？接待の度にポレちゃんに相談しなきゃダメなの？
XBカード
ブランド オン
そういうことじゃ…
でも家だって余裕があるわけじゃないし…
どかっ
はーあ
僕の負担ばっかり大きくなるね
え？
ポレちゃんは最近仕事した？
…それは
したいのは山々なんだけど…

働けば？
え？
そんなに家計が心配なら
自分も働けば？

はぁ…
ところで今日のごはんは？
だ…大根の煮物と…
えーっ鍋にしようよ水炊き鍋がいい
こんな夜中に？それに材料のあるスーパーなんて…
24時間スーパーがあるじゃん
じゃ…じゃあ…
一緒に買い物に…

買って来て
僕はアフちゃんと
留守番してる
ガチャ
アハハ
いいーよぉ〜

コピー取りに
コンビニ行ってくる
こんなに夜遅く？
危ないよ
僕も一緒に行く
ありがと
昔の山木さんは
違った…
へくしっ
………
山木さんは…
今の私のこと
どう思ってるんだろう…

Chapter 7
風邪
夜中に鍋の材料を買いに出かけたせいか風邪を引いてしまった――
ハァ
ハァ
まだ熱っぽいね
うん…
食欲は？
…そう
今日はゆっくり休んでてよ

僕はもう会社に行くから
何かあったら電話して
一日安静にしててよ
行ってきます
バタン…
………
風邪なんて久しぶりに引いた…
ゲホ…
なんか悪いことしちゃったね

ん？
カサッ
ポレちゃんへ
食欲がもどったら
食べて下さい
……
あっ…でも
全部コンビニのだ…
ガサ
ガサ
おかゆ
ゼリー
山木さんらしい…
こういう優しいところも
あるんだよなぁ
なんだかんだいって
私は山木さんのことが好きだ

でも…
山木さんは…
ハァ
ハァ
山木さんは…
ポレちゃん「うつ」じゃん
治さないと
セックスできないよ
買って来て
うーん…
うわーん
ピヨ彦《ひこ》～

泣くなポレ美
ピヨ彦は寿命だったんだ…
ポレ美の想いはピヨ彦に伝わってるよ
嘘だ…父《とう》ちゃん…
嘘なもんかポレ美はどんな時も一日も休まずにピヨ彦の世話を頑張っただろ
ピヨ彦も嬉しかったと思うぞ
…私ピヨ彦が大好きだっただけだよ
………
お前はとんでもない悪ガキだが…

愛情深さだけは
人一倍なんだな
ハァ
ハァ
新郎
あなたは新婦ポレ美の
健やかなる時も
病める時もこれを愛し
これを敬い…
愛を持って
生涯支え合う事を
誓いますか？

熱もすっかり下がったね

うん…
だいぶ楽になった
よかったね
山木さん…
あのさ
あ ポレちゃん
明日から出張に
なったから
荷物の準備
よろしくね
２３日は
帰ってこれないと思う
聞いてる？
ポレちゃん？
はい…

Chapter 8
もうダメかも
以前会った山木さんの同僚佐々木さんから
仕事の依頼がきた
…てな感じのイラスト内容でお願いしますわ
は…はい
ジロ
ジロ

いや〜しかし ポレ美さんって 見れば見るほど
プッ
ホント 山木君が好きそうな タイプだねぇ…
私は正直 この人がニガテだ…
でも山木君も スゴイ奴だよな
しがない雑誌の編集 だったのが
努力と苦労を 重ねて
今やうちの雑誌を 代表する看板記者に なっちゃうんだから…
山木君って 会社では家の話 ばっかりでね…
え？
ポレ美さんのこと えらい褒めてるんスよ

優しくて真面目とか
綺麗好きで居心地のいい家を作ってくれるとか
ここまでこれたのもポレ美さんがそばで支えてくれたから——とかね…
へへへ嬉しいな
山木さんがそんなふうに私のこと見てくれてたなんて
佐々木さんも
案外イヤな人でもないのかもなぁ…

ねぇ ポレちゃん
今日 佐々木クンに会ったんだってね
あ…うん 打ち合わせでね
ふーん…
山木さんと佐々木さんって本当に仲良いんだね
ん…まぁ 一緒に旅行に行くくらいだからね…
ぎゅっ
ねえねえ 今日聞いちゃった!
会社でいろいろ 私のことを…
ポレちゃん…

なんで僕の
おこづかいって
こんなに少ないの?
え…?
佐々木クンは
僕と同じ新婚なのに
お金は
佐々木クンが管理
してるんだって…
な…何?
突然…
前から言おうと
思ってただけさ
僕はこんなに
一生懸命
働いてるのに…
欲しいモノも
買えない
食べたいモノも
自由に食べられない

そんな…私も別に無駄遣いしてるワケじゃ…
それからついでに言うけど…
ポレちゃんってどうしてそんなに不器用なの？
同時に二つ以上のことができないし
免許があるのに車の運転もままならないし
動作も頭の回転もゆっくりしてるから脈絡のない話ばかり
ご…ごめんなさい
ここれから気をつけます…努力します…
で…でもどうして急に…
佐々木さんが山木さんは私の事いつも会社で…

ん？
佐々木クンが
何か言った？
彼は口八丁の
テキトーなヒトだから
全部聞き流していいよ
ね
そんな事よりさ
ポレちゃん…
おこづかい
アップして
ぎゅっ
………
わかった…

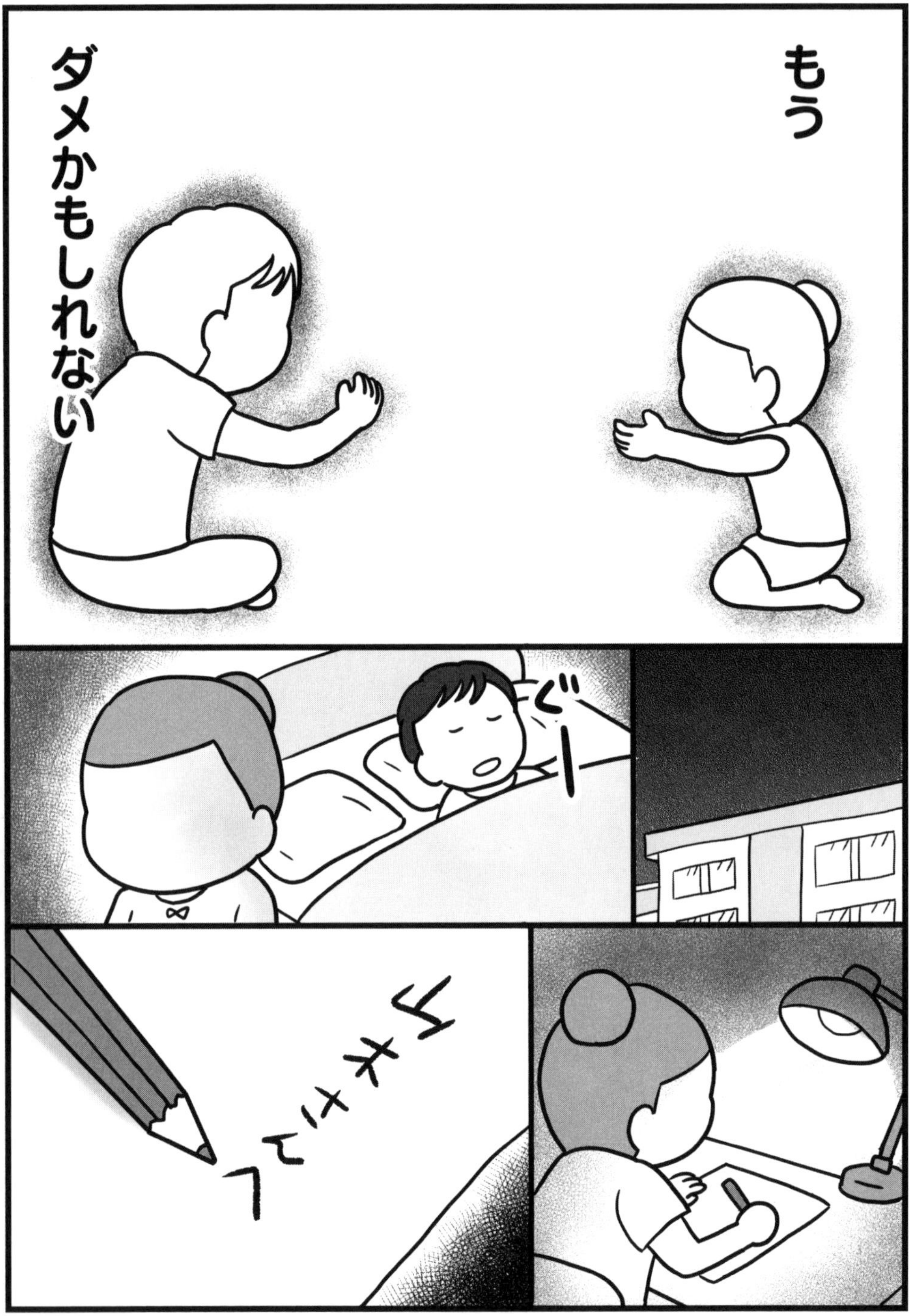
もう
ダメかもしれない
ぐー
たすけて

Chapter 9 手紙

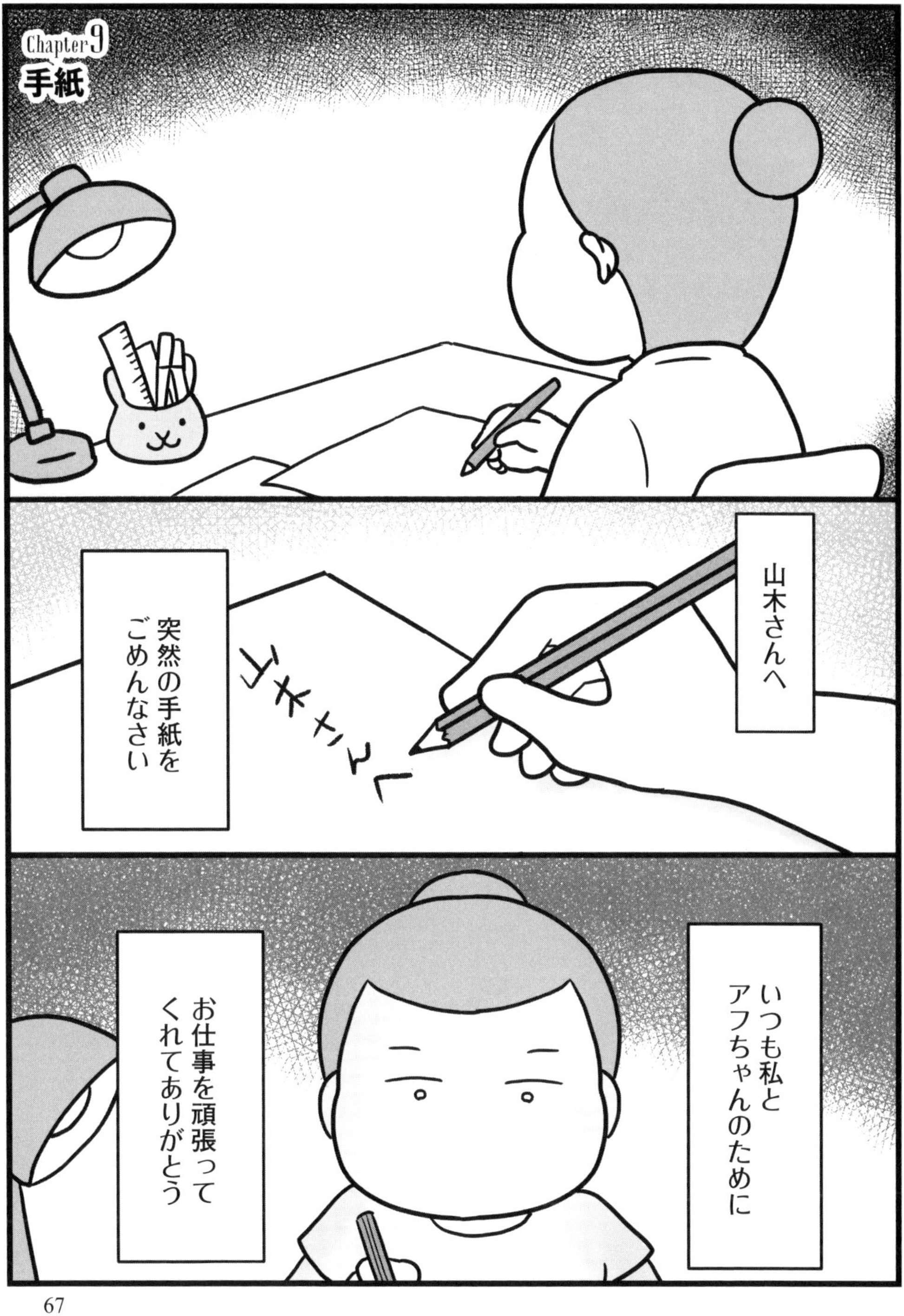
山木さんへ
突然の手紙をごめんなさい
いつも私とアフちゃんのために
お仕事を頑張ってくれてありがとう

昨日の話で
私はようやく
山木さんの気持ちに
気づくことができました
仕事で毎日
大変な中
人一倍
不器用な私と
いると
本当に
疲れたでしょう

私は山木さんから仕事のいろはを教わり…
家事を一つずつ覚えて…
やがてアフちゃんと山木さんと一緒に暮らすようになって…
東京《とうきょう》での生活がますます充実したものになりました
そしてプロポーズされて
結婚して

このまま二人で
ずっと仲良く一緒に
いられたらいいなって
思ってました
でも…
やっぱり
求められないのは
悲しくて
愛されて
いないような
気がして寂しくて…
そのために
いろいろやってみた
ことが…
どっきり♡
コース
陽気なガール
コース
しごきの

結果的に山木さんを
追いつめることになって
しまいました
アフちゃん
健康ノート
抗生物
アフロ
心臓薬
アフロちゃん
しんさつカード
アフちゃんの生活や
通院歴をまとめた
ノートと…
お薬と診察券を
おいておきます
アフちゃんのこと
よろしくね
ぎゅっ

もしもの時と
思ってとっておいた
へそくり…
少ないけど
使ってください
P.S.
山木さんの好きな
おにぎり作ったよ
スライドで電源
山木さんの大好きな
のりたまとゆかりの
おにぎりだよ
よかったら
食べてね
山木さんへ
バタン…

山木さん
吉祥寺
こんな私と
今まで一緒に
居てくれて
本当に
ありがとう

Whisky
おくすり
就寝前
1日1回

Chapter 10
想い

山木さんとは今まで通りお仕事を通しての関係でいたいんです
気持ちは嬉しいんですけど…
………
ごめんなさい
でも…
それからも何度も仕事を一緒に重ねていくうちに…
山木さんのいろんな面を知って…
ポレ美さん
どうしたんですか？こんな夜遅くに打ち合わせって…
これを渡したくって
ゴソ
えっ…

僕が編集した初めての書籍です
編集になってからの夢だったんだ
誰よりも一番最初にポレ美さんに読んでもらいたくって…
山木さん…
ポレ美さんもう一度言います
僕と付き合ってもらえませんか?
それから山木さんと付き合うようになったけど…
私は慣れない東京生活が寂しくて…
ある日
ポレちゃん
ペット ココ

ネザーランドドワーフ
2005年6月うまれ
今まで東京で頑張ってこれたのは
山木さんとアフちゃんがいつもそばにいてくれたから…
でも最近は――
検査?
うん…先生がダンナさんの精子も検査してみてくださいって
………
私は問題なかったみたいなんだけど…

ねぇ…それって
エロ本渡されて
病院の狭いトイレ入って
容器に出してきて
くださいとかいう
やつでしょ？
そんなの無理だよ
え…？
で…でも
お医者さんが…
あのね ポレちゃんは
女性だから
分からないだろうけど
男ってのは想像以上に
デリケートな
生き物なんだよ
検査するとしても
それは
最終手段にしよう
最終手段…？
検査は妊活への
スタートラインじゃ
ないの…？

結局…あれから山木さんは
一度も病院に来てはくれなかった…
ねぇ山木さん
あなたは何を考えてるの？
私のこと好き？
子供は本当に欲しいの？
私に優しくしてくれたこともたくさんあった
でも最近はそうじゃないことばかり
私は…よく分からなくなったよ

ごめん
治してから
じゃないと
セックスできないよ
基礎体温表
子供の居ない
人生なんてなぁ…
HAPPY NEW YEAR
今年はポレ美もママかな!?
大きくなったよ～
早く子供を
作りなさい
将来癌《がん》化する
可能性があると
いうことです
うつですね

ツラかった…
今まで本当に
ツラかった…
でもこれを
飲めば…
すべてから
解放される…
おくすり
就寝前
1日1回
山木さん…
アフちゃん…
父ちゃん…
母ちゃん…
ポリ子…
お義父《とう》さん…
お義母《かあ》さん…
みんな
ごめんなさい

Chapter 11
広い空を

ど…どうしよう…
死んだあとにクマに食べられて残骸で見つかったりしたら…
…………
結局 死ぬのが怖くなって引き返しちゃうなんて…
…ん？
おい 姉ちゃん こんなとこで 何やってんだ？
Monta
え…？

い…いえ
別に…
観光で…
観光？
…ふーん
ところでねーちゃん
聞いてくれや
昨日階段から落っこちて
ケツ打ってよぉ…
は…はぁ…
ほれここ
見るか？
ぺろん
い…いいです！
いや〜それにしても
今日もいい天気だな〜
ワッハッハ
…な
なんなのこの人？
ほれ
ねーちゃん見てみろ
とんびがいっぱいだ

空って広いよなぁ…
ピー
ヒョロー
……
おじさんはこのあたりの人…？
じゃあな！
え…？
超マイペース…

ガタン
ゴトン
あのおじさんは
私から何かを悟って
明るく振る舞って
くれたのかもしれないな…
死んじゃダメだ
そうね…
死んだってきっと
何も意味が無い…
生きなきゃ…
帰って
山木さんに
謝ろう

ガチャ…
た…
ただいま
高い
バウンド—
おかえり
ご…ごはんは…
アウト—

山本さんへ
あの…
…何？
手紙…
…読んだ？

読んだよ
…そう
じゃあ ごはん作るね…
手紙は…
山木さんのために置いていったお金だけが
すべてぬきとられていました…
山木さんへ
トン
トン

[セックスレス嫁日記]

COLUMN
1

両家への帰省は、山木さんの実家は「お祭りモード」で、我が家は「焦りモード」でした。くしくも出産時期が重なっていたことで、両家の思いが違う方向にいってしまいました。うちの両親にしてみれば「お義姉さんが高齢出産で3人目を生んで、なんでうちの子は妊娠もできないの」という思いでいっぱいだったのだと思います。それが伝わってくるようで辛かったです。自分なりに笑顔を作って両家にお祝いを渡したつもりだけれど、今振り返ると精神的にはギリギリで笑顔にすらなっていなかった気がします。あの時乗り切れたのは、山木さんのおばあちゃんの一言でした。山木さんのおばあちゃんは、朗らかで優しく、一緒にいるとこっちもつられて笑顔になるような方。おばあちゃんが、あの言葉をかけてくれなかったら、私はあの時間を乗り越えられなかったと思います。

夜中に鍋の材料を買いに出て風邪を引いた際、「なんだかんだで山木さんが好き」という当時の思いを描きました。山木さんは付き合う前、一人暮らしの私を心配してくれて防犯カメラを設置してくれたり、虫が出て困っている時には駆けつけて退治してくれたり。また、何より仕事面で悩んでいる時は、嫌な顔一つせずに真剣に話を聞いてアドバイスしてくれました。そして、私が辛くてホームシックにかかっている時にアフちゃんを引き合わせてくれた人でもあります。体調不良の際には必要なものを買ってきて置いてくれたりと、山木さんなりに色々私を気遣うところが、付き合ってから、結婚してからも幾度となくあって、そういうところはとても好きでした。でも、これまでの出来事に、おこづかいアップの提案、抱きつかれたことで「もうダメかも」という思いは決定的になりました。「私なんかもうこの世にいないほうが良い」としか思えなかったのです。正直いうと自殺未遂のシーンは、漫画に描く時もしんどくてしんどくてしょうがありませんでした。

結果的にどうしようもない理由で山から引き返してしまいましたが、あの時のおじさんの一言がとても胸に響き、今も生きています。あのおじさんにもし会うことがあったら、「ありがとう」とお礼を言いたいです。

KYOU MO
KOBAMARETE MASU

Presented by
Poreporemi

Chapter12 山木さんの異変

ごちそうさま
ガタッ
えっ…もう食べないの？
うん…
なんだか食欲がないんだ…
……
パタン…

このところ
山木さんの様子が変だ
カチャ…
食欲も以前に比べて
なくなって…
テレビを見てる時も…
ザーッ
ザーーッ
……
山木さん
山木さんってば…
何?
このところ
ボーッとしてるけど
どうしたの?

…別に
仕事で何か
あったの？
…何もないよ
明日は張り込みで
朝早いしもう寝るよ
フラ
フラ
……
仕事がうまく
いってないのかな…
週刊
スキャンダル
なつかしの
アイドルが
びっくり!!
カップルの
スクープ
山木さんのやった
スクープ…
でも…
仕事は順調そうだし…

もしかして…
私があんなことをしてしまったから？
山木さんへ
だから最近様子がおかしいの？
そりゃ誰だって不安になるよね
いくら思い詰めてたとはいえなんてことをしてしまったんだろう…
それからも山木さんは…
ピピピ…
6:00
起きて
遅れちゃうよ
朝から張り込みなんでしょ
うん…
大丈夫だから…

もう少し寝させて
山木さん…
ジャーッ
W・C
なんかお腹痛い
大丈夫？
今日は張り込み休む
少し横になる
明日の出張も休む
えっ…

ボーッ
気分転換に
ゲームでもしたら？
……
したくない
とにかく今は
何もしたくない
ほっといて…
あんなに好きな
ゲームもしたくない
なんて…

ポレちゃん
えっ…何？
やめてよ
もう
やめてよ
え…
僕のシャツに
アイロンなんて
かけなくていい！
でも
シワに…
そんなの
どうだっていい！
ねぇ…山…
パシッ

今は一人にさせてくれ！
バタン
もしかして…
山木さん…
おくすり
私のうつが
うつったんじゃ…

Chapter13
メンタルの問題…なの？
今は一人にさせてくれ！
もしかして山木さん…
私のうつがうつったんじゃ…
うぅぅ
……
こうなったのは私のせいだ…
山木さんをどうにかしてあげないと…
このままじゃお互いにとってよくない
山木さん

会社に行きたくなかったら行かなくていい
仕事がしんどいなら休んでいい
…お米
え？
お米ちょうだい
鳩にあげなきゃ…
……
山木さん 私が通ってる病院に行ってみない？ 私に話しにくいことがあったら先生に…
ポレちゃん
僕を病人扱いしないで！
僕はうつ病なんかじゃない！
ほっといて！
山木さん！

バンッ
自分がうつなんて思ってたって言えないか…
もしかして紙になら…
山木さんへ
何でもいいから
このノートに
今の気持ちを
書いてくれますか
2人の気持ちノート
2人の
持ちノート
書いてくれたんだ！
山木さん！
2人の

あ…
パラ
パラ
ポレちゃん…
書くことなんて何もないよ
僕にはこのノートを書く資格がない…
2人の気持ちノート
な…何言ってるの？
ねぇ山木さん何があったの？
このところおかしいよ！
何があったのか教えてよ！
……
…何もないよ
僕には…

うぅうぅ…
それからも山木さんは…
ボケ〜
カタン
ごちそうさま…
全く食欲もなくなって…
まるで魂が抜けたようになって…
ボーッ
心ここにあらずだった

私のせいで…
私がしっかりしてなかったせいで…
山木さんごめんね……
カチャ
私に少しでもできることは…
Coogle
男性 うつ 症状
カチ
カウンセリングは…
心理カウンセリング
働く男性も気軽に
メンタルにきくサプリは…
ストレスやうつ症状に
鉄分サプリ
え…？

MAX VIDEOS
Big Pussy Oh…
Baby face Pussy
Bukkake Extrem
なんだこれ
アダルトサイトの履歴なんて私…
山木さん…？
何もする気力がないんだ…
……

うつ病じゃないと思うよ
普通は性欲も減る気がするよ…
そ…そうだよね
でもうつ病じゃないにしても…
山木っち…
人に言えないような悩みを抱えてんじゃないのかな…
えっ…

Chapter14
それは、突然の…
少しでも気分を紛らわしてもらおうと思い…
山木さんを強引に外に連れ出した
風が気持ちいいね
あぁ…そうだね…
今日も相変わらず山木さんは上の空だ
……

人に言えないような
悩みを抱えてんじゃ
ないのかな…
……
このモヤモヤした
気持ちを晴らすには…
私から
聞くしかない
私から…
あ…
あの山木さん
くるっ
ポレちゃん

僕のこと どう思う？
…え？
予想外の質問だった
私が
え… あ…あの
私の方が聞きたいことがたくさんあるのに…
ポレちゃん
そして
その言葉は突然 言い渡された…

「おはよう」
「おやすみ」
そんな挨拶の言葉を交わすように淡々と…
離婚しよう

僕と結婚したことでポレちゃんは…
妊娠のプレッシャーに苦しみ
ポレちゃんの顔から笑顔が消えた
ポレちゃんは心のバランスを壊して…
あの時
手紙を読んで思ったんだ…

「一刻も早く
ポレちゃんを
自由にさせてあげたい」
「一刻も早く
ポレちゃんを僕から
解放させてあげたい」って
何にもとらわれずに
いつも自由で
前向きで…
楽しいことが
大好きだった
ポレちゃん
だけど
僕と一緒に
居ることで
ポレちゃんが
どんどん壊れていく
これ以上
見てられない…
ポレちゃんは
僕と居るべき
じゃない
一緒に居ちゃ
ダメなんだ

じゃないと
僕がツラいんだ

うん…
…わかった
そして
今日言われた
ことを
…そういう
ことなんだ
ごめんね
両親に
報告した
翌日
血相を変えた両親が
実家からやってきて
4人で
話し合いの場が
持たれることに
なったのです

実家から
血相を変えた
両親が
やってきた
Chapter15
両親がやってきた!
フミハル君
離婚したいという
意思は本当なのか?
何があったのか
教えてちょうだい
……
はい…

ポレちゃんが
うつ病になって
しまったからです
…えっ
うつ病だって?
おい ポレ美
それは本当なのか?
……
黙ってないで
なんとか言ったら
どうなんだ!?
お義父さん
あまり
ポレちゃんを
責めないでください
ポレちゃんが
うつ病になったのは
僕のせいでもあるんです

僕たちは子供ができませんでした
僕の仕事は不規則で忙しく…
タイミングが合わないことも多くて…
周りのおめでたも続き…
ポレちゃんは日々プレッシャーに悩むようになっていきました
そ…それは私らが急かしたことも原因だったのか？
……
明るかったポレちゃんが
心のバランスを崩していく姿を見て…
これ以上ツラい思いをさせてはいけないと強く感じました
離れてしまった方がお互いにとって幸せなのではないか
僕はそう思うようになったんです

そ…そうか
私らが急かすような
発言をしてしまって
申し訳なかった…
悪気はなかったのよ
ごめんなさいいね
ほらポレ美
あんたも
フミハル君に
謝んなさい
え…
で…
でも私は…
いいから
謝りなさい
ドンッ
あんたがしっかり
してないせいで
フミハル君は…
お義母さん…
離れたいという
理由はそれだけでは
ないんです
えっ…
それは
ポレ美がこんな
性格だから…？
……
ポレちゃんは

とにかく
やることなすこと
子供っぽくて…
何をやるにしても
不器用だから
常に僕がサポート
しなければならず…
空気の読めない
ことも多くて…
脈絡がない言動で
いつも周りを
混乱させて…
僕はもう…
そんなポレちゃんと
一緒にいると
安心して仕事もできず
疲れてしまい…
フミハル君

どうしようもない娘で本当に申し訳ない
でも頼む…この通りだ…考え直してやってくれんか…

お義父さん
お義母さん
ポレ美さんを
僕にください
僕は
ポレ美ちゃんのことが
大好きなんです
だから…
フミハル君
ポレ美は
どうしようもない娘
だけど…
私たちにとって
大切な娘なんだ
ポレ美とこんなに
長いこと付き合って
くれたフミハル君なら…
きっと幸せに
してくれると
信じているよ
頭を上げてくれ
ポレ美を
よろしく頼む
結婚の挨拶で
頭を下げた
山木さんに…
今は父が
頭を下げている

なぜ？
なぜ私は父にこんなに惨めで情けない思いをさせてしまっているんだろう…？
「情けない」
「恥ずかしい」
「ごめんなさい」
いろんな感情がごちゃごちゃになったまま…
すがりつくような父の姿を前に…私は…
一言も言葉を発せずにいた…
お義父さん
顔を上げてください

Chapter16 何を言ってるの？

みっともない真似をしてすまなかった
フミハル君の気持ちは
よくわかったよ
帰ろう母さん
…そうね
休日に突然押しかけてすまなかったね
胸が締め付けられる思いだった
バタン

たった1時間の
話し合いのために
地元から
駆けつけてくれた
両親――
今度の休みは
お父さんと
九州《きゅうしゅう》旅行に
行ってくるちゃ
いいね
楽しんでこられ
九州
旅行代
父と母はどんな
気持ちで東京《こっち》に
やって来たんだろう…
「ごめんね
お金を使わせて」
「ごめんね
こんな親不孝な娘で」
申し訳なくて
情けなくて
このまま
消えてしまいたい
気持ちだった…

あっ僕
駅まで
送りますよ
いいのよ
私らのことは
気にせんで…
いえ
送らせてください
ポレちゃんも
乗って
……
バタン
フミハル君
今度の休みに
沖縄《おきなわ》に行くんだってな
ええ…
一人旅をと…
それはいい
ゆっくり
リフレッシュして
くるといいわ

フミハル君
今までありがとうな
短い間だったけど
家族になれて嬉しかったよ
はい…
僕も同じ気持ちです
最後まで迷惑かけて本当にすまなかったな
お仕事頑張ってね
体には気をつけて…
お義父さんもお義母さんもお体大事にしていてください

父ちゃん…
母ちゃん…
ごめんね…
JR
小さくなって行く父と母の背中に向かって
20~23
「ごめんなさい」何度もつぶやいた
私のせいでこんな思いを…
ねぇポレちゃん

僕
お腹へった
ラーメン食べに
行かない？
ラーメン
食べたくない？
じゃ
ハンバーガーでも
いいや
な…
ポレちゃん？

何を言ってるの
山木さん!?
こんな状況で食欲なんて湧くハズないじゃない——
食べたくない？
なら僕だけ行ってくるよ
私はこの時——
Kitchen
グリル
東京駅
お土産
限定
……
未だかつてないほどの違和感を感じてしまったのです

両親が帰って1週間後――
少しずつ荷物の整理を始めることにした
Chapter17
山木さんの告白
ポレちゃん
今日は僕早めに帰って来れるから
一緒に夕飯が食べたい
うんわかった
何がいいかな?
ポレちゃんの手料理ならなんでも…
あ 昔作ってくれたガパオライスとか…
19時には絶対帰ってくるから
離婚するのはいつになるかはわからないけど――

どうせ別れてしまうなら――
ジュー
これ以上いがみ合ったりせずに――
最後くらいできる限りのことをしてあげて
ジュー
ジュー
いい思い出のまま別れたい…
そう思った
……
19時には絶対帰ってくるから…
カチ
カチ
あっ山木さん…
RR…
山木さん

もしもし
ポレちゃん
山木さん⁉
今どこに…⁉
ごめん
今駅から歩いてる
途中なんだ
もうすぐ家だから
あとちょっと
待ってて
…わかった
だけど
それから
1時間経っても…
ボーン
ボーン
2時間経っても…
山木さんは
帰ってくる気配が
なくって…
LINE《ライン》も
未読のまま…
山木さん
今どこ？
未読
まだかかる？
未読
駅から歩いてる
もう2時間に
なるよ
もしかして
事故に
巻き込まれたとか…？
吉祥寺駅

もう一軒いこー
キャー
アハハ
ただいま おかけになった 電話番号は——
……
駅から歩い
もう2時間になる
未読
キャンセル
キャンセル
キャンセル
日付が 変わっちゃった——
でももう こんなことで ケンカもしたくないし…
ガチャ
…さて
荷物の整理の 続きでもするかな

山木さん…
どこで
何をしてるんだろう…
ん…？
何か
紙が…
ハラッ
えっ…
三軒茶屋駅
徒歩7分
13,8万円
2DK　オートロック
独立洗面化粧台
最上階　築浅物件
TVモニター付ドア
宅配ボック
カップル
新婚さんに
オススメ
洋室
何これ…
なんでこんな
物件の間取りが…
ガチャ
ガタッ

ポレちゃん!
今すぐ家を出よう!
え? 山木さん帰って来るなりなんなの!?
一体今何時だと思ってるの!?
ごはんは…
説明してる時間がない!
今すぐ一緒に車に乗ってくれ!

あまりにも殺気立った山木さんの様子に——
ブロロロ…
今までどこに居たの？
何をして居たの？
……
私は何も聞くことができなかった
Every
YAMASAKI
さくらフェア
ヤマパンまつり
キキッ
ポレちゃん…
今から話すことを冷静に聞いてほしい…

僕は――
ずっと
浮気をしていました
離婚の理由は
ポレちゃんの
せいじゃない
僕の浮気のせいなんだ

僕は――
ずっと浮気をしていました
Chapter18
ガクガクと震えた
言葉を理解するより前に――
キーン
突然耳の奥でつんざくような耳鳴りが始まった…

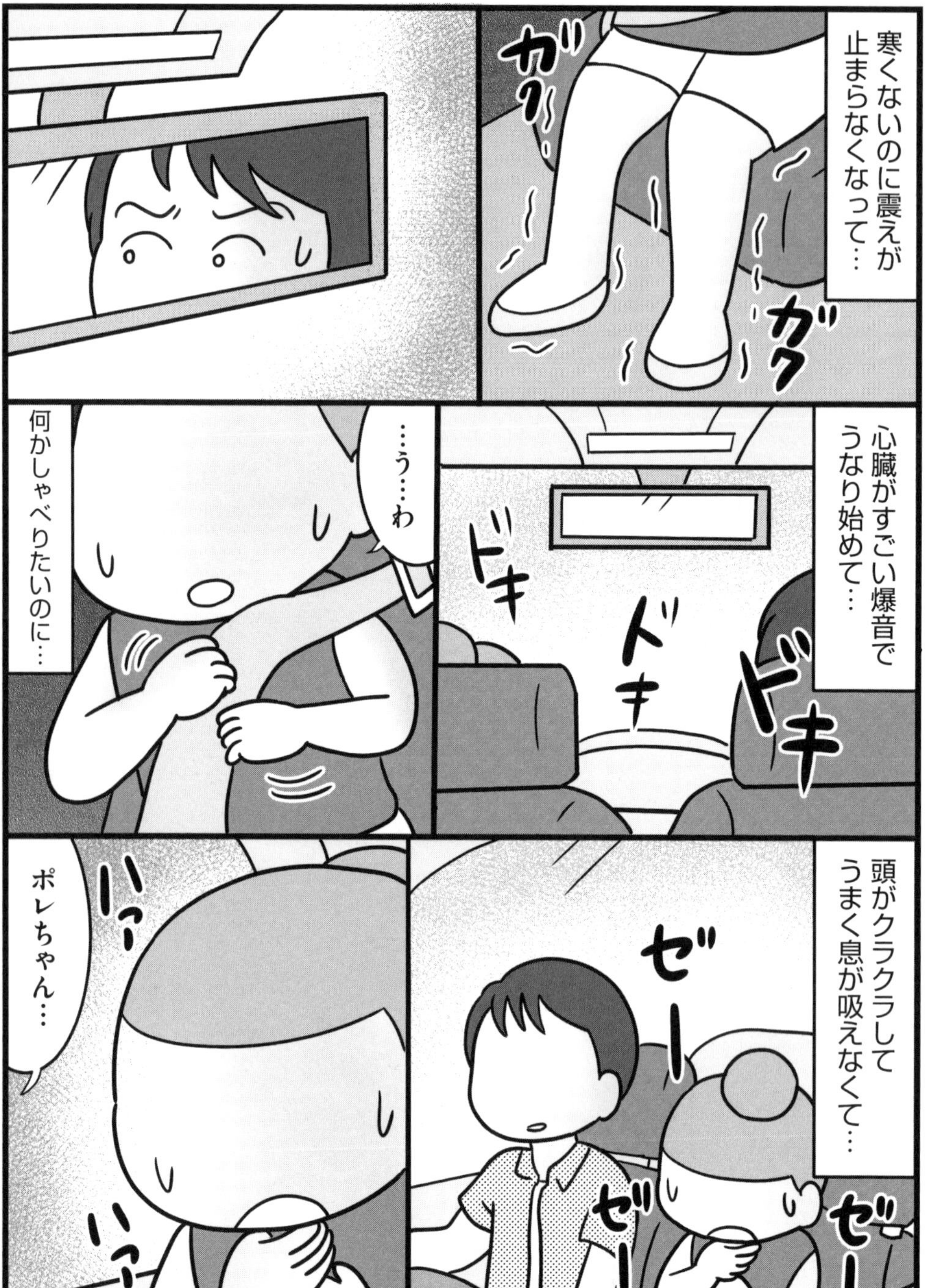
寒くないのに震えが止まらなくなって…
ガク
ガク
心臓がすごい爆音でうなり始めて…
ドキ
ドキ
ドキ
…う…わ
何かしゃべりたいのに…
頭がクラクラしてうまく息が吸えなくて…
ゼー
ゼー
ゼー
ポレちゃん…
ハァ
ハァ

だ…
大丈夫？
ハァ
ハァ
お…
お水あるよ
落ち着け…
落ち着け
自分…
う…
浮気…
コクッ
どうして…
僕は
ポレちゃんのことが
大好きだったけど…

妊活を始めることになって――
ヤマ
まっ
さくらフェア
どんどん追い込まれていくポレちゃんを目の当たりにしていると――
ポレちゃん以上に僕がツラくなってきた
まだまだ若いのになんで焦るんだろう
チャンスなんてこれから先いつだってあるのにって
僕の姉とポリ子ちゃんの出産が重なって…
ポレちゃんのうつがさらに悪化してくると…
ますますそばにいるのがツラくてしんどくなって…
そんな時だったんだ
彼女に会ったのが――

彼女は僕のことをいつも褒めてくれて
「なんでも相談してください」って笑顔で言ってくれて…
ポレちゃんのことだったり 僕自身の仕事の悩みだったり…
お互いのこともよく話し合うようになって…
…相手は
知り合い？接待関係？
私が知ってる人？
……
フリーのカメラマンなんだ
最近取引を始めたばかりの…

ドクン
張り込みで一緒に組むようになったのがきっかけで——
長い時間を一緒に過ごすようになって…
いつの間にか…
お互い惹かれあい…

離婚して…
ドクン
一緒になろうと
いうことになって…
ドクン
じゃ…じゃあ…
あの時のことは…
離れたいという
理由はそれだけでは
ないんです
ポレちゃんは
やることなすこと
子供っぽくて…
脈絡がない言動で
いつも周りを混乱させて
どうしようもない娘で
本当に申し訳ない
でも頼む…
この通りだ…
考え直してやって
くれんか…

お義父さん
顔を上げてください
全部嘘だったの!?
ちょっと私…
ガチャ
待ってポレちゃん
話はまだ終わってないんだ…

Chapter 19
セックスは？

あったんだよね？
当然…
コクッ
………
違うんだ！ポレちゃん！
ガチャ
その日は張り込みが長引いて終電がなくなって…
二人とも朝から立ち張りですごく疲れてたし…
そしたら彼女の方から「ホテルに行きましょう」って…
「私は終電逃したら男友達といつも気軽にホテルに泊まります」
「もちろん寝るだけで何もしませんよ」って
「だから安心して」
「山木さんは隣で寝てください」って…

でもホテルに入った途端…
彼女の方から強引に迫られて…
それをきっかけに…
僕たちは…
EVERY YAMASAKI
ヤマパンまつり
さくらフェア
………
……
………
遠くの方で声がする

明日も張り込みなんだ
今週はずっと続くと思う…
明日から出張になった２３日は帰れない
そうかぁ
夫の出張手当が付いていないんですけど…
え？そもそも出張の記録がないですけど…
カード代が今月は35万？
デパートにレストランに高速代のＥＴＣに…
そうだったのかぁ
山木さんこの車誰か乗った？
いつもより座席が後ろに…
いちご
ミルクた～っぷり
三軒茶屋駅
徒歩７分
13,8万円
2DK　オートロック
独立洗面化粧台
最上階　築浅物件
TVモニター付ドア
宅配ボック
カップル新婚さんにオススメ
洋室

そういうこと
だったんだ…
ま…毎回
セックスしてた
わけじゃないよ…
それに
僕自身…
僕自身の…
気持ちが
分からなくなって
きて…
ぎゅっ
理由は告げずに
黙って離婚しようと
考えていた…
そして
彼女とすぐに
一緒になろうと…

だけど…だけど…
いざ離婚しようと
考え始めると…
ポレちゃんと
離れるのが
想像できなくて…
ポレちゃんを
失いたくなくて…
ガクー
ガク
あ…
キーー
キーーン
また…
ハァ
ハァ
それに…
僕が彼女を支える
自信がなくなってきて…

彼女の押しの強さや行動力にも…
だんだん僕の方が押され気味になってしまって…
「離婚は？」
「離婚するんですよね？」
「離婚して私と一緒になるんですよね？」

何？
何言ってるの
この人？
そろそろだ…
ピピピ…
何が？
あと
数時間後に――
ピッ…
AM 4:00
彼女が家に来る

[セックスレス嫁日記]

COLUMN 2

うつ的な空気は伝染すると思います。なので、山木さんがうつっぽくなった時も「私のせいだ、ごめんなさい」という気持ちが大きくなり、「私がしっかりしよう」という心の変化はありました。ポリ子から「人に言えない悩みがあるのでは」と言われましたが、当時は浮気含めて全く考えられませんでした。情緒不安定なのは完全に私のうつ病の影響だと思っていました。かなり迷惑をかけていたのだろうという思いもあったので、公園で「離婚しよう」と言われた時はどこかホッとした思いもありました。

離婚の件を私の両親に報告すると翌日やってきましたが、私はよっぽどのことがない限り口は出したくない気持ちでした。こういう場に限らず、人がしゃべっている時に、その人の発言を制止したり口を挟むのが苦手というのもあります。両親を送る車内でも話ができませんでした。申し訳ない気持ちが大きすぎて何をしゃべっていいのか、どう声をかけていいのかわからなくて…。あの時のことについて、今に至るまで両親と話したことはありません。特に父のほうが「忘れたい記憶」としているのを感じます。

浮気を告白された時は、頭の中がパニックになって動悸が止まらなくなり、だけどいろんなことがパズルが完成されていくピースのように一つずつ集まり始めて…あんな経験はあの時が初めてかもしれません。とにかくどうしていいかわからず、震える部分が大きかったです。結婚前は嘘をつくような人間には感じませんでした。両親を送った後に山木さんが「ラーメン食べに行かない？」と言い違和感を覚えるシーンもありましたが、結婚前は「この人おかしいんじゃ？」と思うところはほとんどなかったです。単純に見抜けなかっただけかもしれませんが、ただ私が思うに山木さんは浮気をしたことで嘘を重ねることに罪悪感もなくなったのだろうし、付き合う女性に性格が影響されがちな気がします。

とにかく、あまりにもいろんなことがありすぎて、もはや自分でも描きながら「出来事が全部嘘だったらいいのにな」と何度も感じてしまいました。

KYOU MO
KOBAMARETE MASU

Presented by
Poreporemi

『今日も拒まれてます』

心の異変編・心の限界編を読んで頂き
ありがとうございました。
連載当時の原稿を
手直しせずにまとめて
います。

描いている時の私の
想いが伝わると
嬉しいです。
また皆さまに
お会いできますように。

2020. 2.17(月)
ポレポレ美 (ポ)

［初出］
本書は無料まんがアプリ『Vコミ』（http://vcomi.jp）にて連載されていた作品に、
描き下ろしを加えて構成したものです。

今日も拒まれてます
〜セックスレス・ハラスメント嫁日記〜
心の限界編

2020年3月20日　初版第1刷発行

著者　ポレポレ美《み》
発行人　大島雄司
発行所　株式会社ぶんか社
〒102－8405　東京都千代田区一番町29－6
TEL 03-3222-5125（編集部）
TEL 03-3222-5115（出版営業部）
www.bunkasha.co.jp
装丁　山田知子（chichols）
編集協力　まんがアプリVコミ
印刷所　大日本印刷株式会社

ISBN978-4-8211-4544-7